NOTES ET DOCUMENTS

SUR L'ORIGINE

DES

REDEVANCES ET SERVICES

COUTUMIERS

AU XIᵉ SIÈCLE

PAR

JACQUES FLACH

PROFESSEUR SUPPLÉANT AU COLLÈGE DE FRANCE
PROFESSEUR A L'ÉCOLE DES SCIENCES POLITIQUES

PARIS

L. LAROSE ET FORCEL

LIBRAIRES-ÉDITEURS
22, RUE SOUFFLOT, 22

1882

NOTES ET DOCUMENTS

SUR L'ORIGINE

DES

REDEVANCES ET SERVICES

COUTUMIERS

AU XIe SIÈCLE

(Extrait de la *Nouvelle Revue historique de Droit français et étranger.*
Tiré a 50 exemplaires.)

Châteauroux. — Typ. et stéréotyp. A. MAJESTÉ.

NOTES ET DOCUMENTS

SUR L'ORIGINE

DES

REDEVANCES ET SERVICES

COUTUMIERS

AU XIe SIÈCLE

PAR

JACQUES FLACH

PROFESSEUR SUPPLÉANT AU COLLÈGE DE FRANCE
PROFESSEUR A L'ÉCOLE DES SCIENCES POLITIQUES

PARIS

L. LAROSE ET FORCEL

LIBRAIRES-ÉDITEURS

22, RUE SOUFFLOT, 22

—

1882

NOTES ET DOCUMENTS

SUR L'ORIGINE

DES

REDEVANCES ET SERVICES

COUTUMIERS

AU XIe SIÈCLE

Les diverses charges qui pesaient, au moyen âge, sur l'habitant des campagnes ou des villes, redevances et services attachés à la concession du sol, impôts de toute nature, étaient désignés communément par l'expression de *consuetudines*. C'est qu'en effet la coutume en était le principal titre. Beaucoup d'entre elles remontaient à une époque trop lointaine pour que la preuve ou le souvenir même d'un contrat originaire eût pu se conserver, et quant aux autres on les croyait mieux garanties par l'efficacité souveraine de la coutume que par la production d'un acte. Aux XI° et XIIe siècles, on voit des abbayes en possession de contrats régulièrement et parfois récemment passés avec leurs hommes, se prévaloir de préférence de l'usage *immémorial*, et qui plus est, en faire la preuve. Comment s'étonner alors qu'il soit difficile de remonter à la source des redevances et services coutumiers, de ceux-là mêmes qui sont nés d'un accord en un temps où l'usage de l'écriture commençait à se répandre ? Cette difficulté s'augmente et des efforts que nous surprendrons tout à l'heure chez les seigneurs du moyen âge pour imprimer aux obliga tions de leurs hommes un caractère vague, flottant ou ambigu qui facilitât leur arbitraire et l'extension de leur pouvoir, et d'une tendance fréquente à faire passer sous un même niveau tous les habitants d'une même région.

Quand des hommes venus du dehors, des *hôtes*, par exemple, s'établissaient sur un domaine, leur condition était fort souvent réglée sur la condition toute coutumière de censitaires plus ou moins libres fixés au même lieu. Ils se soumettaient simplement à l'usage de la terre, *lex fisci* (1), ou de la contrée, *mos pagi* (2) ou du villenage, *lex ruricolatus* (3). Une curieuse charte du cartulaire de Bèze nous montre que si les propriétaires fonciers dans le but d'attirer des colons sur leurs terres, faisaient aux nouveaux arrivants des conditions plus douces, ils s'emparaient ensuite de la première occasion propice pour leur appliquer la loi commune.

Des hommes originaires de Bourberain, village voisin (4) étaient allés demeurer à Bèze. Ils y avaient construit des maisons. Un incendie vint à les détruire. Pour les relever, l'autorisation de l'abbé leur était nécessaire, et quand ils se présentèrent à lui pour la demander, il exigea comme condition expresse qu'ils fussent soumis à l'avenir aux mêmes services coutumiers que les autres sujets de l'abbaye : « Dieu me » garde, leur dit-il, de consentir à ce que vous ayez comme » par le passé des maisons sur notre fonds, si vous n'acquittez » pas les obligations coutumières de nos hommes, et de » tous ceux qui habitent notre district. »

La situation privilégiée dont ils avaient joui jusqu'alors va être perdue pour eux, ils vont devenir *consuetudinarii*, comme le reste des habitants de la *potestas*. La convention qui intervient dans ce but entre l'abbé Étienne (5) et les hommes de Bourberain se réfère sans autre détail aux coutumes établies de longtemps dans les possessions de l'abbaye. Toutefois il fallait ménager la transition et ne pas éloigner par trop d'exigences ces nouveaux coutumiers. L'abbé leur concède donc quelques exemptions partielles : la redevance annuelle que devait chaque ménage sous le titre de *placitum generale*, est fixée pour eux à douze deniers, on les assure contre toute levée de taille, et enfin il sont dispensés d'un charroi de vin,

(1) Voyez la charte de la Trinité de Vendôme publiée plus loin p. 16.

(2) *Cartulaire de Saint-Père-de-Chartres* publié par Guérard, t. I, p. 28 année 931) — *Jus pagi*. Cartulaire de Cormery, publié par l'abbé Bourassé (*Mémoires de la société archéologique de Touraine*, t. XII, 1861) p. 59 an. 978) etc.

(3) Quicumque eam (terram) antea habuerant non nisi sub *ruricoatus, quod vulgo villanagium dicitur, lege* habuisse. (*Cart. de Saint-Père de Chartres*, t. II, p. 303).

(4) Bourberain, canton de Fontaine-Française, arrond. de Dijon.

(5) Étienne, abbé de Bèze, de 1088 à 1119 environ.

à moins qu'ils ne veuillent bien le faire par bonté d'âme, *per suam bonitatem* (6). Je ne doute pas un instant que ces différences qu'on laissait subsister entre deux catégories d'habitants, ne tardèrent pas à s'effacer, et que la dernière surtout ne fournit pas une bien longue carrière (7).

Nous touchons, en effet, là du doigt un des procédés fréquemment employés au moyen âge pour donner naissance à

(6) Je transcris la charte d'après le manuscrit original (XII⁰ siècle) du *Cartulaire de Bèze* (Bibl. nat. MS. lat. 4997).

CARTA DE BURBURENO

Notum sit omnibus hominibus qualiter homines nativi de villa quæ dicitur Burburena, commanentes in Besua, post combustionem domorum quas in nostra terra primitus habuerant alias reedificare cupientes, ad abbatem loci istius, nomine Stephanum, convenerunt, reædificandi licentiam quærentes. Quibus ipse ait. Absit ut unquam deinceps in nostro fundo ita mansiones habeatis, sicuti actenus habuistis, *nisi consuetudinaria servitia reddideritis, sicut nostri et alii faciunt qui in nostra potestate consistunt.* Si autem nolueritis, construendi ulterius licentiam a me non consequemini. Hæc autem verba, abbatis videlicet, illi audientes, inter se consilium inierunt et cum eo pactum firmiter statuerunt, ut deinceps unusquisque de generali placito tantummodo XII nummos persolveret, alias vero consuetudines facerent, excepto carritum vini de Gibriaco, *nisi per suam bonitatem* aliquis ex eis vellet facere. Constituit etiam ipsis idem abbas Stephanus, ut nec ipse, nec aliquis in posterum super eos talliam faceret, alias vero consuetudines ab eis exigeret. Et hoc etiam statuerunt ut si quis illorum injuriam a monachis, vel a servis Sancti Petri pateretur, nullam proclamationem neque alienam justiciam quæreret, donec justicia abbatis et prepositi monasterii ei deficeret. Signum Stephani abbatis, Landrici prepositi. Ex familia vero Sancti Petri fuerunt illic tunc multi. Sign. Aydulfi, Gyraldi, Albrici, villici de Burburena villa et aliorum multorum (f⁰ 118 v⁰, 119 r⁰).

Le *Cartulaire de Bèze* a été publié par d'Achery, dans le t. II du *Spicilegium*, et récemment par M. J. Garnier dans les *Analecta Divionensia*. Documents inédits pour servir à l'histoire de France et spécialement à l'histoire de Bourgogne (Dijon, 1875). Voyez pour la charte ci-dessus p. 438, col. 1 du *Spicilegium*, et p. 396-397 des *Analecta*.

(7) Une charte postérieure du *Cartulaire de Bèze* contient une mise en demeure adressée aux mêmes hommes, dans le but évident de leur enlever leurs derniers privilèges. Leurs fils devaient, sous peine de perdre leurs tenures, épouser des femmes de l'abbaye et servir comme tous autres : « … Si quis ex filiis eorum acceperit ancillam Sancti Petri in uxorem » et in servitio ecclesiæ remanere voluerit, ipse habeat edificium et terram » supra nominatam. Et qui hoc non fecerit, post mortem ejus recipiet eccle- » sia et edificium et terram in suo proprio jure.» (MS. orig. f⁰ 136 v⁰, 137 r⁰. — *Spicilegium*, t. II, p. 446-447, *Analecta*, p. 434).

des redevances et prestations entièrement nouvelles, ou pour aggraver celles qui existaient déjà. Le propriétaire foncier ou le seigneur, le justicier ou le chef militaire de la région, usant de l'autorité matérielle et morale qu'il avait à son service, prenait prétexte de tout événement accidentel pour demander à ses hommes une assistance en argent ou en travail. Qu'une guerre ou une famine éclatât, qu'un incendie vînt à ravager des fermes ou des maisons, qu'il s'agît de la construction d'un château fort, ou de l'accomplissement d'un pélerinage lointain, ou tout simplement d'une tournée du seigneur dans ses terres, toutes les occasions étaient opportunes. La bonne volonté, fort peu libre, des censitaires ou des sujets devait être prête à tous les sacrifices et jamais en défaut. Et puis, quand les circonstances réputées exceptionnelles étaient passées, de par la puissance de la coutume l'exception se trouvait règle, les redevances ou services gracieusement octroyés pour un temps devenaient définitifs ou tout au moins exigibles comme un droit si des conjectures analogues venaient à renaître.

Le procédé est simple et bien approprié à l'état social, aussi son ancienneté remonte-t-elle haut. Les Carlovingiens luttaient déjà contre des abus de cette nature et quand les Espagnols réfugiés vinrent se placer sous la sauvegarde de Louis le Débonnaire, il chercha à les préserver des coutumes injustes que, par ce moyen, leur comte pouvait exiger d'eux (8).

Le frein dès alors était léger ; aux Xᵉ et XIᵉ siècles il disparut presque entièrement, et l'on peut affirmer, sans crainte d'erreur, qu'une foule de redevances et de corvées prirent alors leur origine du fait d'avoir été, à titre exceptionnel et précaire, fournies un nombre restreint de fois. Les tailles et les aides dues par les tenanciers comme par les vassaux, les *albergues*, le droit de gîte, en sont des exemples entre mille. Exemples généraux toutefois, qu'il est plus facile de tirer par induction d'un ensemble de documents que de justifier directement par des

(8) Quod si illi propter lenitatem et mansuetudinem comitis sui eidem comiti, honoris et obsequii gratiâ, quippiam de rebus suis exhibuerint non hoc eis pro tributo vel censu aliquo computetur, aut comes ille vel successores ejus hoc *in consuetudinem præsumant*... (*Præceptum pro Hispanis*, 815, chap. 5. Baluze, t. I, p. 551.)

textes précis. Il serait bien étonnant; en effet, que des prestations coutumières nées comme nous venons de le dire,
eussent laissé des traces nombreuses et distinctes dans les
chartes anciennes. Leur origine supposait le mystère ; il
fallait qu'un voile l'enveloppât. C'en était fait sans cela de
la vénération presque superstitieuse que la société du moyen
âge, comme toutes les jeunes sociétés qui cherchent leur équi-
libre, professait pour le long usage, pour l'usage immémorial. Aussi les monastères et les chapitres ne manquaient
pas de tenir registre minutieux de toutes les exactions dont ils
étaient victimes. Ils endiguaient ainsi la coutume naissante,
ils lui opposaient une éternelle revendication jusqu'au jour,
éloigné ou proche, où à prix d'argent et par l'effet des peines
spirituelles, ils amenaient l'exacteur à abdiquer ses injustes
prétentions.

Une négligence pourtant suffisait pour qu'une véritable *consuetudo* s'implantât par surprise. Le cas est rare, et sa rareté
prouve la bonne administration des domaines ecclésiastiques.

Dans le cours d'un long voyage d'investigation à travers
les cartulaires manuscrits et imprimés de la France, dont je
donnerai bientôt le résultat au public, je n'en ai trouvé
qu'un seul exemple vraiment caractéristique. Grâce à la
charte qui nous l'a conservé, nous pouvons, une fois au
moins, assister en détail à la naissance spontanée d'une de
ces coutumes, résultat composite de la bonne volonté des
uns et de la violence des autres.

Aldigerius, homme puissant, faisait, vers la fin du Xᵉ siècle
construire un château fort sur les limites des possessions de
l'abbaye de Saint-Chaffre-du-Monestier, en Velay. Il s'adressa
au moine préposé à l'obédience de Bruc, et lui demanda une
assistance de cinq muids de vin, sans doute pour accélérer
les travaux. Le moine résiste, puis finit par céder. Aldigerius n'a garde de laisser échapper si bonne aubaine. Dès l'an
écoulé, il réclame la même prestation, — comme son dû,
cette fois, — et le moine la déniant, il la lève de force. Voici
une coutume créée tout d'une pièce. Elle est perçue durant
deux générations et l'abbaye de Saint-Chaffre ne parvient à la
racheter que grâce aux bonnes dispositions d'Itier de Bruc,
petit-fils d'Aldigerius, et moyennant l'abandon d'un cheval

estimé cent sous. Encore tout n'était-il pas fini. Plus de cinquante ans après, Pierre, fils d'Itier, revendiquait encore les mêmes droits auxquels avait renoncé son père. Il ne vint à résipiscence qu'avec peine, et un nouvel acte dut être dressé pour que la mauvaise coutume dont se plaignait l'abbaye se trouvât définitivement éteinte.

Je donne le texte même des deux chartes, qui sont inédites.

GUIRPITIO ICTERII DE BRUCO.

Notum esse debet fratribus in cenobio B. Theofredi degentibus qualiter mala consuetudo quam pravi homines in illa possessione usurpaverant postmodum ab aliis eorum successoribus abolita. Quidam enim præpotens vir nomine Aldigerius ædificans castrum quod dicitur Capdenaco (9) juxta haereditatem S. Theofredi quæsivit a monacho qui tenebat obedientiam de Bruco (10) ut sibi adjutorium praeberet ad illud aedificium V modios vini ; quod cum monachus difficile dedisset alio anno similiter quaesivit et cum noluisset dare, abstulit violenter, sicque mala consuetudo in terra S. Theofredi (*manque peut être* : inolevit), nec voluit pravum usum relinquere, nec filius ejus post ipsum. Post ipsos vero successit tertius nomine Icterius, qui melior existens quam sui parentes, cum interpellatus fuisset de hac re, timens judicium Dei et vindictam malorum dereliquit ipsam pravam consuetudinem quam solebant parentes in supradicta villa exigere et quidquid ex ea male praesumptum accipiebat pro timore Dei et sanctorum ejus amore totum dimisit coram altari et sepulchro B. martyris Theofredi, nullumque de suis heredibus post se præsumere talia decrevit et quia necessitas exigebat accepit a monachis equum valentem solidos centum et confirmavit hoc cum charta testimoniali in praesentia Guilhelmi abbatis, qui erat frater ejus et aliorum fratrum. Anno ab Incarnatione Domini M XXIII mense Julio feria VI regnante Roberto rege.

(9) Chadenac, dans le Vivarais, près de Thueyts, arrondissement de l'Argentière (Ardèche).

(10) Saint Theofrède de Bruc, entre Mayres et Thueyts (Ardèche).

DIMISSIO PETRI DE ECCLESIA DE BRUCO

Post multum tempus cum Petrus Icterii filius antiquam suorum parentum consuetudinem sequens, ipsam ecclesiam et res alias quæ juris erant sancti Theofredi exigendo servitia injusta satis opprimeret, tandem resipiscens decrevit dimittere omnia quæ contra fas ex eadem ecclesia vel villa Brucensi solebat accipere. Dedit ergo monasterio nostro et abbati Vuilhelmo ceterisque fratribus jure possidendum quod ille et herus injuste possederat et confirmavit cum charta cessionis, uxore sua et filiis hoc ipsum laudantibus et in perpetuum tenendum fore decernentibus, anno ab Incarnatione Domini M.LXXX.VIII, regnante Philippo rege.

(*Cartulaire de Saint-Chaffre-du-Monestier, en Velay*. Bibl. nat. MS. lat. 5456 A, f° 77-78. — La première charte se trouve en copie dans la *collection Moreau*, XX, f° 52 r°, 53 v°).

On vient de voir avec quelle ténacité une mauvaise coutume était maintenue et reprise. S'il fallait montrer l'acharnement sans mesure et la violence sans merci (11) auxquels les seigneurs se laissaient aller dans la levée des redevances injustement établies, les documents afflueraient. Je n'en choisirai qu'un, emprunté encore, pour rester dans la même région, au Cartulaire du Monestier en Velay.

Des chevaliers du château de Mezenc (12) avaient commis d'intolérables exactions dans divers villages dépendant de l'abbaye. Les habitants, dit la charte, se voyaient arracher jusqu'au pain de la bouche. Tout cela était réclamé coutumièrement, *consuetudinaliter*. Prières et menaces spirituelles n'eurent prise sur les chevaliers qu'à la veille du départ de plusieurs d'entre eux pour la Terre-Sainte. Nous pouvons

(11) Dans un jugement rendu au profit de l'Église cathédrale de Saint-Nazaire, Aganon, évêque d'Autun, qualifie, en ces termes, les *malæ consuetudines* introduites par son propre frère Raginard : « Invenimus homi- » nes Sancti Nazarii a nefanda jamdicti Raginardi suorumque obpressione » tanta perpessos fuisse mala ut lex et justitia nomine tenus non veraciter » in eos teneretur et non solum justitia facti erant extranei sed *nec in his* » *malis nullus modus contendebatur servari* » (15 mai 1076.) (*Cartulaire de l'Église d'Autun*, publié par A. de Charmasse, Paris, 1865, p. 65).

(12) Mezenc, en Velay, canton de Fay-le-Froid, arrond. du Puy (Haute-Loire).

mesurer l'étendue de leurs excès par les précautions prises et pour assurer le repos de leurs consciences et pour prévenir toute récidive. Après une renonciation solennelle jurée sur l'autel, l'évêque du Puy et l'évêque de Mende donnèrent aux chevaliers une absolution spéciale de leurs méfaits. En outre les mêmes évêques et celui de Viviers prononcèrent l'excommunication, avec les malédictions les plus terribles, empruntées à l'ancien Testament et au nouveau (*deleantur de libro vitæ! immo eradatur haereditas eorum de terra viventium et participent pœnas et supplicia æterna cum Juda traditore et illis qui dominium cruxifixerunt, cum Dathan -etiam et Abiron et Chore hiatu terræ vivi absorbeantur, infernus eos vivos absorbeat, cahos tartarea semper eos teneat serpentium et draconum morsibus perpetualiter devorandos, ubi vermis eos comedens non moriatur, ignis eos urens non extinguatur, sic fiat! sic fiat!*) contre tous ceux qui retomberaient dans les errements passés : « omnes qui hoc ulterius requi- » rerent ab aliquo hominum in prædicti cœnobii prædiis vel » villis commorantium. » L'abbaye enfin, comme il arrivait d'ordinaire, dut payer cher le prix de l'injustice acquise : elle remit aux divers chevaliers tant en argent qu'en chevaux et en mules une valeur d'environ douze cents solidi (13).

Les *coutumes* qui viennent de passer sous nos yeux avaient, quant au droit, un fondement bien fragile. Tantôt, on l'a vu,

(13) Voici les principaux passages de la charte, en dehors de ceux qui sont reproduits plus haut : « III milites ex Misenco castro, nobis semper, » videlicet monachis in cœnobio B. Petri Beatique Theofredi commoran- » tibus, contrarii existentes, Dei inspiratione præventi et Vuilhermi ab- » batis, qui ipsum locum Deo volente gubernat, admonitionibus, qui » nunc blandimentis nunc terroribus supplicii æterni eos insectatus est, » a deprædationibus pauperum in nostris villis commorantium cessave- » runt. Nam eorum bona quæque diripientes usque ab buccellam, ut ita » dicam, panis eos deprædati sunt. Nunc autem quidam eorum Jerosoli- » mitanum iter ad expugnandos barbaros arripientes, cum cæteris omni- » bus remanentibus ejusdem castri militibus, devoverunt se nullomodo » deinceps aliquam malam consuetudinem quærere hominibus habitantibus » in prædiis sive villis supradicti cœnobii, neque saumarios, neque convi- » vandi hospitium, neque cibatum, neque boves ad arandum vel onus feren- » dum neque aliquid ejusmodi consuetudinaliter, sed omnes jusjurandum » super altare sacratum fecerunt, præsente supradicto abbate, ut nihil tale » amplius exigant... » (1096. *Cartulaire de Saint-Chaffre-du-Monestier en Velay*. Bibl. nat. MS. lat. 5456 A fᵒˢ 92-93.)

c'était une oblation plus ou moins librement consentie qui de temporaire et facultative était transformée en une obligation durable. D'autres fois la violence et l'arbitraire servaient de point de départ unique aux prestations coutumières. Ailleurs encore nous montrerions comment de vagues allégations d'un usage ancien, dérivées même de tierces personnes, s'érigeaient en titre (14)

Quelles devaient être les instabilités, quels le défaut d'ordre et l'absence de justice d'une société où de pareilles conséquences pouvaient, à chaque instant, se produire, où les droits les plus certains, comme les plus flagrantes usurpations se couvraient également de l'autorité de la coutume. La confusion s'aggravait encore, l'arbitraire se facilitait du morcellement indéfini de la souveraineté, et de son absorption par la propriété foncière (15). Chacun, pourvu qu'il eût quelques hommes d'armes à son service et quelques terres au soleil, pouvait prétendre à des impôts, non seulement sur les hommes qui habitaient son sol, mais sur ceux-là aussi qui se contentaient de le traverser, ou de vivre dans le voisinage. Tonlieu (16), forage, droit de sauvegarde et cent autres rede-

---

(14) Vers 1090, nous apprend une charte du cartulaire de Domène, les officiers du comte d'Albon, Guigues III, commencèrent à réclamer des coutumes insolites, neuf jours de corvée, un mouton, etc., dans un manse qui appartenait au prieuré. Ils le firent sans autre titre que les incitations d'un certain Lanfroi qui prétendait avoir jadis joui de ce droit «...
« Ministrales domini Guigonis comitis cœperunt pravas consuctudines
» requirere in eo manso de quo supra memoravimus ; scilicet novem
» dies de corvata, unum multonem et alia quæ enumerare modo non pos-
» sumus, et hoc compellebat eos facere Lanfredus quidam qui se dicebat
» olim has recepisse in manso de Capella (La Chapelle des Trièves). »
Sur la plainte du prieur, le comte d'Albon mit fin à cet abus. (*Cartulaire de Domène,* publié par Ch. de Monteynard, Lyon 1859, p. 23.)

(15) Il ne faut rien exagérer pourtant, et l'exagération, en ce sujet, confine au lieu commun. J'espère montrer ailleurs quels remèdes à l'anarchie renfermait dans ses profondeurs la société du XIe siècle.

(16) En l'an 1103 le vicomte de Bezaume imposa au bourg de La Réole un tonlieu de création arbitraire et le maintint, malgré les prières réitérées des moines et des principaux habitants. La cour du comte de Gascogne put seule l'y faire renoncer : « telonerum statuit quod nemo per
» eum vel per antecessores suos huc usque dederat vel acceperat. Quem
» cum Raimundus, tunc temporis Regule prior, cum fratribus Deo ad obe-
» diendum sibi subditis et cum totius patrie principibus ut *a nefanda con-*

vances pareilles étaient imposés sous le seul prétexte d'une souveraineté hypothétique, et quant au péage, sous toutes ses formes, il se serait étendu comme une tache d'huile sur la France entière si les abbayes, munies de leurs privilèges et fortes de leur autorité à la fois religieuse et séculière, n'y avaient mis bon ordre.

Se trouvait-il par hasard un seigneur désintéressé et généreux, ses agents ou ses vassaux ne semblaient que plus acharnés à l'oppression, *effrenata familia*, dit un seigneur en parlant de ses propres gens, *nocere solet seniore nesciente*. Et il oblige, en conséquence, quatre de ses *ministri* à garantir par serment qu'une franchise de coutume qu'il vient d'accorder sera respectée par eux (17).

Les voyageurs et les marchands, les chartes nous l'apprennent aussi bien que les chroniques, étaient rançonnés à titre de péage, heureux quand ils s'en tiraient par l'abandon de tout ou partie des marchandises ou des deniers qu'ils portaient avec eux. Fort souvent, il n'y avait là aucune perception régulière d'un impôt fixe, mais un pur abus de la force, un brigandage. Eh bien, ces excès mêmes devenaient à leur tour la source d'impôts coutumiers. Je n'en veux citer qu'un exemple qui achèvera de caractériser les *consuetudines*.

Landri le Gros avait arrêté plusieurs marchands de Langres qui traversaient sa terre et s'était emparé de tout leur avoir (18). Sur les instances de l'évêque de Langres et des moines de Cluny, il consent à leur restituer une partie de la prise et à leur accorder dorénavant le libre passage, mais sous la condition expresse qu'ils s'engageront dès à présent à lui payer, chaque année, un tribut déterminé : « Partem retinui, » dit-il, partem reddidi, ipsis mercatoribus ut sua reciperent

---

» *suetudine....* quiesceret sepius exorasset [*duramque semper repulsam* » *passus fuisset*] nullomodo hoc ab eo impetrare valuerunt » (*Cartulaire de Saint-Pierre-de-La-Réole* en Bazadais (Gironde) publié par M. Grellet-Balguerie, *Archives historiques de la Gironde* t. V (1863) p. 129).

(17) *Cartulaire de Saint-André-le-Bas-de-Vienne*, publié par l'abbé Ulysse Chevalier (Vienne 1869) charte 182 (an. 1000) p. 131-132.

(18) »…. Ego Landricus Grossus, a concupiscentia que plerumque secu- » laribus obrepit abstractus et illectus, quosdam mercatores Lingonenses » cæpi per terram meam transeuntes et eorum res abstuli. »

» et deinceps per terram meam quiete transirent, quid mihi
» singulis annis, *loco quasi tributi*, solverent constituentibus.»
Ce péage établi, et sans doute à un taux fort rémunérateur (19),
Landri le Gros y prit goût et il décida que tous ceux, pèlerins
ou marchands, qui désormais passeraient sur ses terres au-
raient à l'acquitter. « *Ex hoc peccato*, dit-il avec une humilité
de commande, *nata est mihi alterius peccati occasio*, scilicet ut
» cunctis per terram meam iter agentibus seu causa negotia-
» tionis seu orationis exactionem quam vulgo pedituram vocant
» imponerem et hoc meos ab eis exigere juberem (20). »

Quand une coutume avait pris racine, il était bien difficile
de l'extirper autrement qu'à beaux deniers. Le seigneur qui
s'était arrogé le droit de la lever, la défendait d'ordinaire de
bec et d'ongle, et s'il se trouvait une autorité supérieure qui
pût le mettre à la raison, les avantages de la possession lui
étaient en tout cas assurés. Du moins les règles de preuve n'of-
fraient-elles pas, en cette matière, une rigueur bien gênante.
La pratique du XI° siècle a fait bon marché ici de la maxime
testis unus, testis nullus, et en se contentant d'un seul témoignage, elle a opposé, inconsciemment peut-être, la rapidité
de la preuve à l'éclosion facile des mauvaises coutumes.

Un chevalier, du nom d'Hector, réclamait un droit de gîte
dans diverses localités des environs de Vienne, alléguant que
son frère Bérillon en avait usé jadis. Une contestation surgit
et il fut enfin convenu entre l'archevêque de Vienne et le chevalier Hector qu'on s'en rapporterait au serment d'un seul
témoin, qui paraît avoir été l'homme, soit de l'archevêque,
soit de l'abbaye de Saint-André (21).

(19) Les moines de Cluny lui remirent trois cents solidi pour qu'il y
renonçât.

(20) Cette charte qui se place vers l'an 1076 fait partie du magnifique
cartulaire de Cluny que la Bibliothèque nationale vient d'acquérir (MS.
latin nouv. acq. 1458 f° 258 v°). Elle a été publiée, avec quelques va-
riantes par M. Guérard à la suite du Polyptique d'Irminon (p. 362-363)
d'après une copie du *Dépôt des Chartes*.

(21) *Cartulaire de Saint-André-le-Bas-de-Vienne*, ch. 206 (1030-1070)
p. 150-151 : « Ir Pisaico quesivit unum receptum et in Colouratis alium, et
» in Masonatis alium : dicebat enim quod frater suus habuisset eos et de
» his fuit contentio ; venimus ad hoc ut, si Bladinus jurasset quod frater

Une procédure semblable apparaît dans une charte du Cartulaire de la Trinité de Vendôme, où nous avons même plus qu'une simple transaction, un procès complet devant la cour du comte d'Anjou. La charte est inédite, je crois, et j'hésite d'autant moins à la publier qu'elle nous montre une exemption de péage attachée en quelque sorte à la terre, faisant partie de l'ensemble des coutumes du domaine, de la *lex fisci*.

DE PEDAGIO CASTRI RAINALDI

Ne rursus repetatur ad scandalum posterorum fratrum in hoc sanctæ et individuæ Trinitatis cœnobio commanentium, notum fecimus quid dudum contigerit nobis et Rainaldo, de Castro quod ejusdem vocatur nomine possessoris (22), petenti pedagium ab hominibus nostris transeuntibus per sanctum Laurentium. Igitur dum Rainaldus, ut diximus, peteret et in hoc monachi minime consentirent, contradicentes juxta legem fisci comitis Gauffredi cujus dono terra provenerat eis, adeo ratiocinationis hujus ratio crevit ut cum per se super hoc non possent absolvi, apud eumdem castrum convenirent ante comitem Gauffredum et Agnetem comitissam, eorum juditio causam probaturi, ubi Mainardo forastero pro hoc ipso conducto, quia videlicet eo tempore pre ceteris antiquas leges terrarum quas in Vindocinensi pago consul Gauffredus habebat, ipse melius agnoscebat. Hujus testimonio ratione probata, sic definitum est ut quicquid homines manentes in illis terris quas de fisco suo jamdictus consul dederat monachis compararent in proprios usus liberum sine pedagio permitteretur, quicquid vero comparent ad revendendum sicut et ceteri mercatores darent inde pedagium. Sed quia jam Rainaldus ex hoc unum obolum nec juste perceperat, restituit illud cum lege, maxime pro rei hujus memoria (23) judicante comite et comitissa cum favore

» ejus Berilo non habuisset eos *per usum et per consuetudinem*, amplius » non quereret eos. »

(22) Château-Renaud, arrond. de Tours.

(23) Il y avait une raison non moins importante que d'autres chartes nous indiquent. Tant que le signe matériel de la perception d'une redevance restait entre les mains d'un seigneur ou de ses agents, il pouvait

testium qui nominatim subnotati sunt in hac carta. (Suivent les noms des assistants ou témoins instrumentaires) (vers 1040).

(*Cartulaire de la Trinité de Vendôme*. Bibl. nat. MS lat. nouv. acq. 1232 — La charte se trouve également en copie dans la *Collection dom Housseau*, t. II, no 452.)

Dans le texte qu'on vient de lire, c'est un ancien, un homme versé dans la connaissance des vieux usages du pays, qui témoigne en justice. Il représente en quelque sorte la circonscription rurale tout entière. De même voyons-nous dans des procès de même nature, où plusieurs témoins sont produits pour combattre une exaction insolite, un seul, le plus âgé, prêter serment pour les autres et lui-même (24), et ailleurs encore quand les paysans molestés déclarent devant une cour de justice qu'ils sont tous également prêts à attester par serment la coutume à laquelle ils étaient soumis de temps immémorial, le serment d'un seul d'entre eux, de leur doyen, être jugé suffisant (25). Nous voici encore loin de cette règle que Loisel formulait plus tard : *Coutume se doit vérifier par deux tourbes,*

tôt ou tard servir de titre à une perception nouvelle, faire revivre la coutume éteinte. Aussi faut-il voir quelle importance extrême on attachait à la restitution des sommes même minimes injustement perçues. Les officiers du duc de Bourgogne, Odon Borel, voulaient lever sur les hommes de l'abbaye de Bèze, une taille pour la table ducale, *pro cibo ducis;* et ils s'étaient déjà fait remettre cinq sous. L'abbé se rend à Dijon à la cour du duc et prouve, par chartes et témoins, que cette coutume n'était pas due. Le duc et sa femme ordonnent alors à Hervé, leur prévôt, de restituer les cinq sous, séance tenante. Mais le prévôt ne les avait pas sur lui : il ôte ses fourrures de son cou et les donne en gage à l'abbé. Celui-ci n'eut cesse ni repos jusqu'à ce qu'il obtint la somme elle-même ; » *Abbas secum eas detulit et tandiu ipsas pelles habuit, donec vellet nollet* » *Arveius præpositus illos* v *solidos reddidit* » (XIᵉ-XIIᵉ siècle) (MS. original fᵒ 119. vᵒ; *Spicilegium* II, p. 438, col. 2 ; *Analecta divionensia,* p. 398-399).

(24) «... Producto hoc testimonio, unus ex testibus qui veterior esse » videbatur, elevata manu contra altare, sub jurejurando affirmavit se et » alios vera tes tificasse » (vers 1121). *Cartulaire de l'abbaye de Savigny* publié par A. Bernard (Paris, 1853), ch. 906 p. 484).

(25) « Paratis fere omnibus hominibus sancti Nazarii jurare istam veram » et justam consuetudinem esse et nec plus nec minus... juravit Giroar- » dus decanus et majordomus, unus pro omnibus.... » (1076). (*Cartulaire de l'Église d'Autun*, p. 65).

et chacune d'icelles, par dix témoins (26). Devons-nous en conclure que c'était chose aisée, pour les campagnards du moyen âge, de résister à l'aggravation des redevances coutumières ou à l'avènement de coutumes nouvelles, en prouvant l'ancien usage ? Ce serait une étrange méprise.

Le droit n'est rien, au point de vue social, quand il ne trouve son appui dans une autorité assez forte pour en assurer la sanction et assez désintéressée pour le vouloir. Or, c'est précisément là ce qui manquait le plus au XI° siècle. La justice était avant tout une source de bénéfices pour celui qui l'exerçait, et il était rare qu'on pût la faire tourner au profit du droit, quand on ne disposait pas d'une large influence. Tel vassal obtenait justice, parce que le suzerain avait besoin de ses services, les monastères se faisaient rendre droit, parce que le justicier craignait les armes de l'église et savait se faire payer son concours. La sentence rendue, rien ou presque rien n'était fait. Le juge ne consentait pas toujours à en assurer l'exécution, ou bien il était impuissant à le faire, car il fallait, dans nombre de cas, entreprendre une véritable guerre privée (27). Les églises elles-mêmes en étaient réduites à recourir à l'excommunication ou à payer des compositions pécuniaires, pour obtenir l'acquiescement de leur adversaire condamné et récalcitrant. Les exemples abondent de transactions faites par elles, après gain du procès.

De quel faible secours devait donc être, pour les petits et les humbles, vilains ou manants, le droit de prouver fut-ce par un témoignage unique, qu'ils étaient victimes de mauvaises coutumes. Seuls, leur échec était certain ; avec l'appui d'un protecteur intéressé à leur cause, ils s'exposaient à toutes les violences de la colère ou de la vengeance. L'histoire de ces résistances n'est pas assez connue. Nous n'envisageons d'ordinaire le moyen âge que d'un seul point de vue, celui des rédacteurs de chartes et des chroniqueurs — point de vue

---

(26) Loisel, *Institutes coutumières*, n° 782 (II, p. 159, édition Dupin et Laboulaye).

(27) Voyez par exemple *Cartulaire blanc de Saint-Denis* (Arch. nat. LL. 1157-1158). I. ch. 38 f° 45 (990-997), II f° 41 (1101); Doublet *Histoire de l'abbaye de Saint-Denis* (1625) p. 822, p. 843. — Suger, *Vie de Louis le Gros* p. 14-15 (Édition Lecoy de la Marche, Paris 1867) etc. etc.

de propriétaire, de biographe ou de clerc. — Que de fois, parcourant nos chroniques du moyen âge et les archives riches encore de nos vieilles abbayes, n'ai-je pas regretté qu'il ne se soit rencontré au XIᵉ ou XIIᵉ siècle, un homme assez supérieur à ses contemporains pour s'arracher à ces préoccupations étroites et voir l'humanité. Pourquoi ce silence obstiné sur la condition matérielle et morale des populations rurales et urbaines qui avaient si grand besoin que les seigneurs féodaux pratiquassent réellement à leur égard ces préceptes de l'Évangile qu'ils se contentaient trop souvent de faire transcrire machinalement dans le préambule des chartes ? Regret chimérique sans doute, mais non pas stérile, car il doit nous inciter à refaire, avec les matériaux qui nous restent, une partie au moins du tableau que nous regrettons. C'est une tâche que j'ai entreprise dans un ouvrage de longue haleine. Ici je veux me borner à un seul exemple des violences que pouvait mettre en jeu la résistance des hommes coutumiers aux prétentions d'un seigneur.

Arnoul de Livron revendiquait comme ses hommes des habitants de Bouy (28) en Berry, soutenant qu'ils étaient compris dans le fief qu'il tenait d'un de ses parents, Gimon Badat, seigneur de Concressault. Les hommes de Bouy affirmaient au contraire qu'ils ne relevaient de nul autre que du chapitre de Saint-Étienne de Bourges, qu'ils ne devaient service à nul autre qu'au chapitre « negantes neque ad casamentum Gimonis » neque ad hominum (29) Arnulfi aliquomodo pertinere, neque » se aliquid servitium eis debere ». Qu'arrive-t-il ? Le fils de Gimon Badat, sans autre forme de procès, s'empare de l'un d'eux et le soumet à la torture, puis, comme le malheureux n'en persiste pas moins à dénier toute sujétion au regard de Gimon et d'Arnoul, il le mutile en lui coupant le pied (30). Le

(28) Bouy, diocèse de Bourges, à deux lieues N. O. de cette ville. Le manuscrit (Bibl. nat. MS. lat. nouv. acq. 1274) porte en marge d'une main plus moderne *Serfs de Bouy*. M. Raynal croit au contraire qu'il s'agit de Bué, près Sancerre. Je ne résoudrai pas cette question de géographie locale qui est sans intérêt ici.

(29) Le manuscrit porte à plusieurs reprises et très distinctement *hominum*, forme d'*hominium* inconnue à Ducange.

(30) « Unde Gimo Badatus junior commotus cepit unum ex illis

chapitre de Bourges dont les intérêts se trouvaient engagés,
demanda satisfaction pour ce méfait, et, sur le refus de Gimon,
celui-ci fut excommunié par l'archevêque Pierre de la Châtre,
et sa terre frappée d'interdit. Ce n'est que plus tard pourtant qu'il fit amende honorable et il fut entendu alors que les
hommes de Bouy décideraient eux-mêmes de leur sort ; ceux
qui déclareraient appartenir à Saint-Étienne lui reviendraient,
les autres à Gimon. Seul, Jean de Bouy, le mutilé, fut attri-
bué *de plano* au chapitre (31).

Avec de telles mœurs et une difficulté si grande à obtenir
justice, les moyens préventifs étaient certainement les meil-
leurs. Il fallait empêcher les mauvaises coutumes de naître.
La chose, nous l'avons vu (32), n'allait pas sans peine. Mais
la vigilance des propriétaires ecclésiastiques était sans cesse
en éveil et elle parvenait à arrêter à temps bien des empiète-
ments. Une réquisition était-elle adressée à une abbaye par
un homme puissant dont les désirs ne souffraient aucune ré-
plique, l'abbé, en s'exécutant, stipulait d'une manière expresse
que l'avenir ne serait pas engagé, qu'une fois ne serait pas coutume. Ces réserves devinrent fréquentes ; une charte fut dres-

---

» Johannem de Boy, fratrem Josberti, qui cum positus in tormento homi-
» num Arnulfi et Gimonis denegaret omnino, idem Gimo *pedem ei*
» *truncare presumpsit.* »

(31) La charte est de 1156. Elle fait partie du *Cartulaire de l'église
cathédrale de Saint-Etienne de Bourges* (XIII° siècle. Bibl. nat. MS. lat.
nouv. acq. 1274) et a été publiée d'une façon généralement exacte par
Raynal *Histoire du Berry* (1844) t. II, p. 533-535.

(32) Les moines eux-mêmes couraient des dangers personnels dans
cette résistance. Il suffit de rapporter, entre autres, le passage suivant de
la longue énumération de mauvaises coutumes imposées par le seigneur
de Montreuil-Bellay et les siens au prieuré de Méron (dépendance de
Saint-Aubin-d'Angers) « Baldinus viarius quesivit in curte de Mairono
» annonam *per vim et consuetudinem.* Sed hanc consuetudinem contra-
» dixerunt ei Drogo et Rotbertus monachi ; pro qua causa minatus est
» eos verberare in ipsa domo sua, precepitque hominibus suis ut caperent
» res sancti Albini ubicumque invenirent et homines ejus usque ad
» mortem verberarent quod et fecerunt : nam unum de famulis monacho-
» rum usque ad mortem verberaverunt..... Ipse quoque Baudinus fregit
» portam monachorum et, evaginato gladio, persecutus est intra claustra
» portarium. » (*Cartae et chronica de obedientia Mairomno* (1068-1078)
dans *Chroniques des églises a'Anjou* publiées par Marchegay et Mabille
(Paris 1869) p. 69).

sée où le seigneur reconnaissait lui-même que la redevance était levée à titre d'exception et non point de coutume (33).

L'établissement d'une *coutume* nouvelle était comme une menace incessante suspendue sur chaque tête. Détourner, éviter cette menace devenait si bien la préoccupation quotidienne des administrations religieuses que nous la voyons se faire jour dans leurs rapports réciproques et jusque dans les cérémonies du culte. Au commencement du XII° siècle, les chanoines de Saint-Pierre-de-Montlhéri avaient l'habitude, à la fête de l'Assomption, d'aller en procession au prieuré de Longpont, d'y chanter la messe avec les moines, et puis d'y prendre un repas au réfectoire. Un jour ils s'avisèrent de prétendre que le repas n'était pas seulement un acte de gracieuse hospitalité des moines, mais un droit établi par l'usage, «*non solummodo gracia, sed consuetudine, in refectorio manducarent.*» Protestation immédiate des moines, et refus par eux d'admettre, comme par le passé, les chanoines à leur table (34). Il y eut procès qui dura deux ans et ne finit que par une transaction dont Milon le Grand, seigneur de Montlhéri, fut le négociateur (35).

Vis-à-vis des seigneurs laïques dont elles redoutaient les exactions, abbayes et églises s'efforçaient d'aller aussi loin que possible au-devant du danger. Les conventions qu'elles passaient dans ce but sont curieuses à retenir. Les seigneurs renoncent à commettre des méfaits, des violences, des rapines, à réclamer des *consuetudines* justes ou injustes, exactement comme on renonce de nos jours aux droits les plus légitimes (36). Les protecteurs des Églises, ces avoués qui

(33) « Ego Theobaldus Blesis comes et Franciæ seneschallus omnibus » notum facio quod licet talliam acceperim de propriis servientibus abbatis . » B. Launomari Blesensis ad auxilium meæ crucis, volo tamen et præcipio » *ut in eodem statu sint in quo fuerant* antequam crucem assumerem, *nec* » *ob eam talliam trahantur in consuetudinem* » (1180) (Bernier, *Histoire de Blois* (Paris 1682) Preuves p. VII).

(34) « Quo audito, monachi conturbati et consuetudini contradicentes » noluerunt eos recipere, ut prius. »

(35) *Cartulaire du Prieuré de Notre-Dame de Longpont* (diocèse de Paris (Lyon 1880), ch. 44, p. 91-92 (vers 1109).

(36) Ansedeus donne à l'abbaye de Cluny divers biens qu'il tient en fief du comte Hugues, une église, des chapelles avec leurs dépendances.

leur firent endurer plus de maux qu'ils n'en détournèrent
d'elles, ne se font pas payer seulement leur protection par
les hommes qu'ils ont mission de défendre, mais la promesse
aussi qu'ils s'abstiendront des excès et de l'oppression (37). En

Il ajoute : « libertatem etiam ut in omnibus locis superius nominatis et
» præcipue ubicunque salvamentum habuerit neque mea vel successorum
» meorum, neque alicujus de re aliqua *violentia sive consuetudo* agatur, vel
» lex requiratur, juste vel injuste, nisi a monachis quorum potestati datur. »
(*Cartulaire de Cluny*, Bibl. nat. MS. lat. nouv. acq. 1458 f. 8 v°).

Un chevalier, Boniface, confirme la donation d'un alleu faite par son
frère, à son départ pour Jérusalem et il s'engage à se garder *de toute
violence* pendant trois ans: « .... non capiam quicquam in eo per violen-
» tiam per tres annos. Inde mitto fidejussores Fulconem de Reum et
» Salicherium militem, et de tribus annis in antea scienter *rapinam non-
» faciam*, neque ego ipse, neque aliquis de meis meo consensu. Et si
» factum est reddam caput et legem, et *de hoc facio donum* super
» altare S. Marcelli et si noluerit tenere, ego Gaufredus et Guido
» comites, adjutores sumus sine enganno.... » (*Cartulaire de St-Marcel
de Châlon*. Bibl. nat. MS lat. 17091 f° 56 v°, 57 r° (1093). — Charte
publiée par Perréciot. *De l'état civil des personnes*, etc. (Paris 1845, t. III,
p. 23).

Adde, *Cartulaire de Bèze*, MS original f° 143 v°, 144 r° (*Spicilegium*,
p. 451, col. 1. *Analecta*, p. 451-452 (1119)) : « Humbertus de Lissey
» (*Lycey-sur-Vingeanne, canton de Fontaine-Française*) quidquid in
» eadem villa habebat.... Deo et S. Petro Besuensi ita omnino liberrime
» contulit ut deinceps neque in cymiterio, neque in ipsa villa cuiquam
» homini, neque suo, neque alterius liceat ei, seu heredibus ejus aut
» alicui loco ejus personæ, injuriam, vexationem seu exactionem
» inferre et ut pretulimus, in tota villa non solum hominem sed nec
» quidquam omnino violenter capere. »

(37) Ce n'était pas là une précaution superflue. Ecoutez la supplique
désespérée que l'abbaye de Saint-Mihiel adressait à l'archevêque de
Trèves, pour se plaindre des violences et des exactions de ses avoués :
« Comes Raynaldus.... pecuniarum rapinas quas vulgo talliatas vocat
» per terram nostram primus agere cepit, *homines incarcerare vi et
» suppliciis sua eis extorquere*, ad firmanda ca(s)tella cum suis sump-
» tibus eos cogere, nimis frequenter per terram nostram dietare nec
» suis sed pauperum sumptibus vivere, postremo terra nostra plus quam
» sua omnibus modis abuti, et hanc tyrannidem filio suo Raynaldo qui
» nunc est dereliquit, contestatus tamen ei publice se hec omnia injuste
» egisse. At ille maliciam patris in tantum supergressus est ut homines
» nostri oppressionem ejus ferre non valentes villas nobis vacuas relin-
» quant, reliqua nostra nobis solvere vel non possint vel contempnant,
» illum solum timentes, illi soli servientes. Cumque sedis apostolice
» justiciam superiore anno adversus eum expetissemus super hoc ultra
» modum indignatus et apostolica nichil adhuc nobis proficiente, immo

veut-on un exemple ? L'abbaye de Montier-en-Der s'est donné
un avoué du nom de Rainaud, pour protéger un de ses
villages. Elle lui remet une somme de douze livres et fixe à
six deniers la redevance que chaque manse habité devra lui
payer par an, « *si officium optimi defensoris laudabiliter* ·
» *impleverit* ». Mais il est bien stipulé que l'avoué ni ses
agents n'établiront de gré ou de force aucune mauvaise
coutume, que notamment ils ne feront pas nourrir par les
habitants leurs chevaux, leurs chiens ou leurs ours (38).

On comprend, après les documents que nous venons de
passer en revue, que *consuetudo* et *mala exactio* aient été
synonymes dans la bouche du peuple (39) et que les redevances coutumières aient mérité dans certaines régions la
qualification *de malæ adinventiones* (40), de tromperies. On
comprend encore que les proverbes, cette voix du bon sens
et de l'équité, aient fait entendre leur protestation naïve. *Une
fois n'est pas coutume*, disait-on chez nous et aussi: *Mauvaise
coustume fait moult mal* (41). En Allemagne où la féodalité fut

» officiente, et malicia oppressoris cottidie ingravescente, jam pene
» *pro inopia rei familiaris domum vacuam deserturi* hanc unam adhuc
» spem suscipimus ut quia Deo providente apostolicas vices suscipere
» meruistis, apostolice potestatis virga oppressorem nostrum coher-
» ceatis. »
(*Cartulaire de Saint-Mihiel*, Bibl. nat. MS. lat. nouv. acq. 1283,
f⁰ 98-99).

(38) « Ratum ergo omnimodis decernimus ut neque suis neque successo-
» rum suorum temporibus quisquam vel ministerialium vel officialium alie
» quam *vim vel malam consuetudinem* contra nostrum decretum inferre
» audeat neque mensuras imponere, augere vel minuere, neque carropera
» extorquere neque pastum equorum vel canum aut ursorum requirere seu
» pedituram vel aliqua opera *contra morem* exigere aut aliquam hospita-
» litem servientium huc illacque discurrontium repetere... » (*Cartulaire
de Montier-en-Der*, Bibl. nat. MS. lat. nouv. acq. 1251, f⁰ 39 v⁰, 40 r⁰ (XI⁰
siècle).

(39) « .... Gauffredus (*Geoffroy Martel, comte d'Anjou et de Touraine*,
» remisit omnes *malas exactiones quæ vulgo dicuntur consuetudines* quas
» imposuerat colonis ecclesiarum sive quibuslibet dominationis suæ diversi
» officii hominibus. » (*Cartulaire noir de St-Florent de Saumur.*Collection
dom Housseau, II *bis*, n⁰ 651 (1062).

(40) *Cartulaire de St-Cyprien de Poitiers*, publié par M. Redet.
(*Archives historiques du Poitou*, t. III), ch. 164, p. 108-109 (1004-1015).

(41) Proverbes gallicans XV⁰ siècle (Leroux de Lincy. *Le livre des proverbes français* II, p. 124).

plus oppressive, la protestation fut plus directe. Mille siècles
d'injustice, dit un proverbe, ne font pas une heure de justice :
Hunderttausend Jahre Unrecht ist keine Stunde Recht (42).
C'est là un lointain écho des plaintes que la naissance des
mauvaises coutumes souleva au moyen âge. Ces plaintes ne
cessèrent que quand le remède fut trouvé, quand l'ordre s'in-
troduisit dans la société et que la justice mérita ce nom.

(42) Hillebrand, *Deutsche Rechtssprichwörter*, p. 9, (Zürich, 1858).

TABLE

DES

PRINCIPAUX DOCUMENTS

Châteauroux. — Typ. et stéréotyp. A. MAJESTÉ.

Châteauroux. — Typ. et stéréotyp. A. MAJESTÉ.